Impressum
Verlag: BABADADA GmbH, Nedderfeld 112 , 22529 Hamburg
Geschäftsführer / Verlagsleitung: Harald Hof
Druck: Books on Demand GmbH, In de Tarpen 42, 22848 Norderstedt

Imprint
Publisher: BABADADA GmbH, Nedderfeld 112 , 22529 Hamburg, Germany
Managing Director / Publishing direction: Harald Hof
Print: Books on Demand GmbH, In de Tarpen 42, 22848 Norderstedt

skola

shule

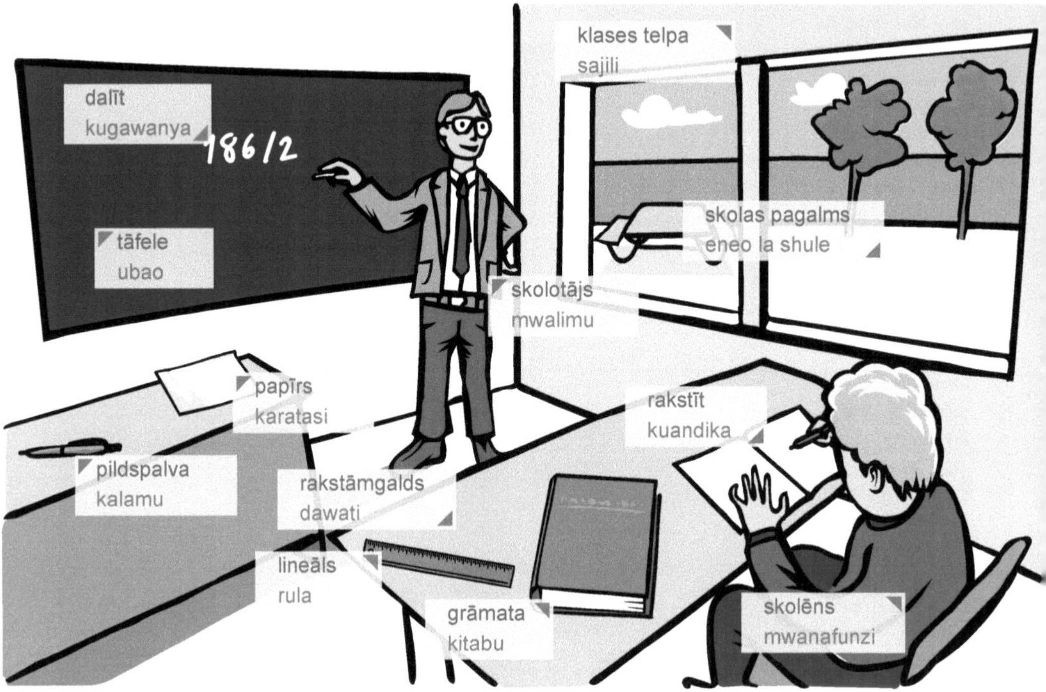

klases telpa
sajili
dalīt
kugawanya
186/2
tāfele
ubao
skolas pagalms
eneo la shule
skolotājs
mwalimu
papīrs
karatasi
rakstīt
kuandika
pildspalva
kalamu
rakstāmgalds
dawati
lineāls
rula
grāmata
kitabu
skolēns
mwanafunzi

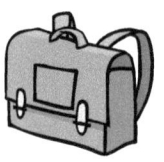

skolas soma

mkoba

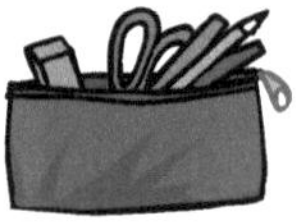

penālis

kikasha cha penseli

zīmulis

penseli

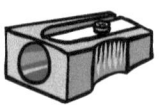

zīmuļu asināmais

kichonga penseli

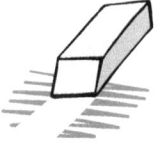

dzēšgumija

mpira

zīmēšanas bloks

pedi ya kuchora

zīmējums

uchoraji

ota

brashi ya rangi

krāsas

sanduku la rangi

šķēres

mkasi

līme

gundi

darba burtnīca

daftari

mājas darbs

kazi ya nyumbani

skaitlis

nambari

saskaitīt

jumlisha

atņemt

ondoa

reizināt

zidisha

rēķināt

kokotoa

burts

barua

alfabēts

alfabeti

vārds

neno

skola - shule

3

teksts

maandishi

lasīt

kusoma

krīts

chaki

mācību stunda

somo

žurnāls

sajili

eksāmens

uchunguzi

liecība

cheti

skolas forma

sare za shule

izglītība

elimu

enciklopēdija

elezo

universitāte

chuo kikuu

mikroskops

darubini

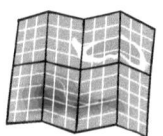

karte

ramani

papīrgrozs

kikapu cha kuweka karatası
chafu

viesnīca
hoteli

Grand

hostelis
hosteli

ROOMS

valūtas maiņas punkts
ofisi ya ubadilishanaji

€CHANGE

čemodāns
sanduku

automašīna
gari

Valoda

lugha

jā / nē

ndiyo / la

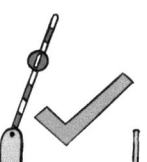

Okay

sawa

Sveiki!

hujambo

tulks

mtafsiri

paldies

Asante

Cik maksā...?

kiasi gani ni ...?

Es nesaprotu

Sielewi

problēma

tatizo

Labvakar!

Jioni njema!

Labrīt!

Habari za asubuhi!

Ar labu nakti!

Usiku mwema!

Uz redzēšanos

kwa heri

virziens

mwelekeo

bagāža

mizigo

soma

mfuko

mugursoma

shanta

viesis

mgeni

istaba

chumba

guļammaiss

begi la kulalia

telts

hema

tūrisma informācija

taarifa ya utalii

pludmale

ufuo

kredītkarte

kadi

brokastis

kifunguakinywa

pusdienas

chakula cha mchana

vakariņas

chakula cha jioni

biļete

tiketi

lifts

kuinua

pastmarka

muhuri

robeža

mpaka

muita

mila

vēstniecība

ubalozi

vīza

visa

pase

pasipoti

transports
usafiri

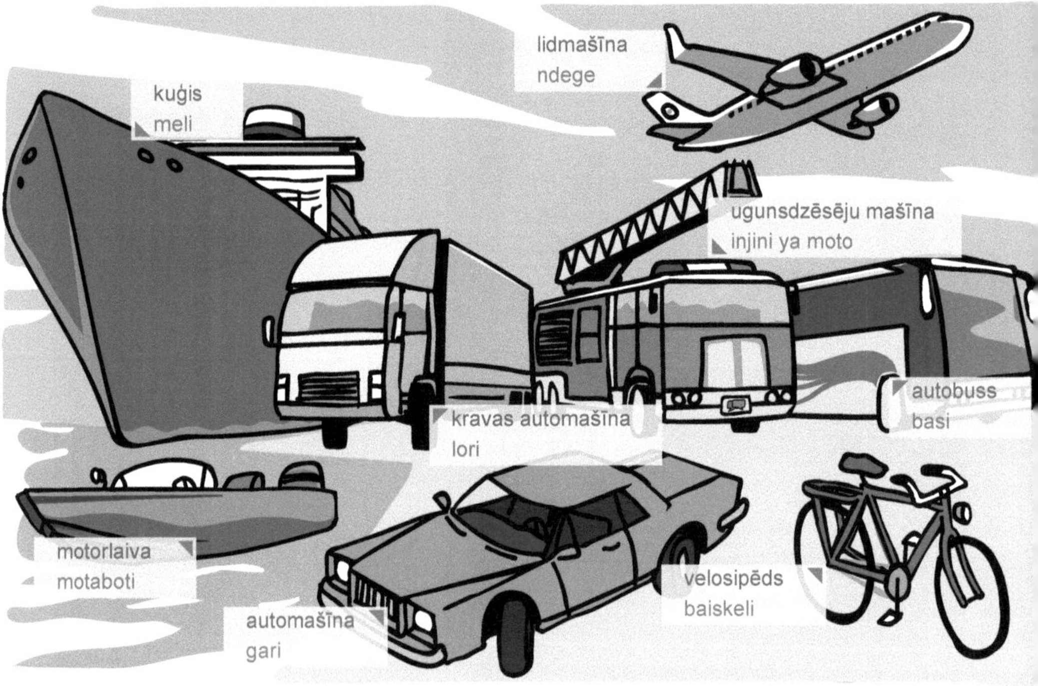

lidmašīna
ndege
kuģis
meli
ugunsdzēsēju mašīna
injini ya moto
autobuss
basi
kravas automašīna
lori
motorlaiva
motaboti
velosipēds
baiskeli
automašīna
gari

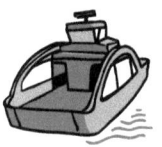

prāmis

feri

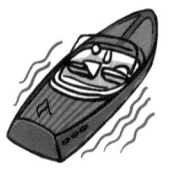

laiva

mashua

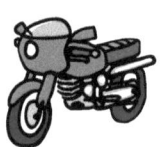

motocikls

pikipiki

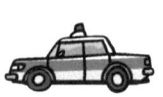

policijas automašīna

gari la polisi

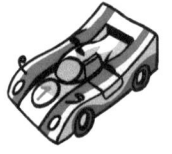

sacīkšu automobilis

gari la mashindano

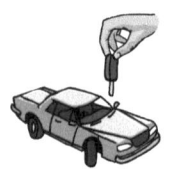

nomas auto

gari la kukodisha

auto koplietošana

kushiriki gari

evakuators

lori la kuvuta

atkritumu mašīna

ukusanyaji taka

dzinējs

motor

benzīns

mafuta

degvielas uzpildes stacija

kituo cha mafuta

ceļa zīme

ishara trafiki

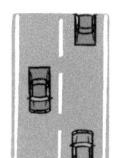

satiksme

trafiki

sastrēgums

msongamano

stāvvieta

maegesho

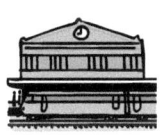

dzelzceļa stacija

kituo cha treni

sliedes

reli

vilciens

garimoshi

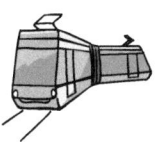

tramvajs

tremu

vagons

gari la mizigo

helikopters

helikopta

lidosta

uwanja wa ndege

tornis

mnara

pasažieris

abiria

konteiners

chombo

kaste

katoni

ratiņi

mkokoteni

grozs

kikapu

pacelties / nosēsties

ondoka

pilsēta

jiji

ciems

kijiji

pilsētas centrs

katikati ya jiji

māja

nyumba

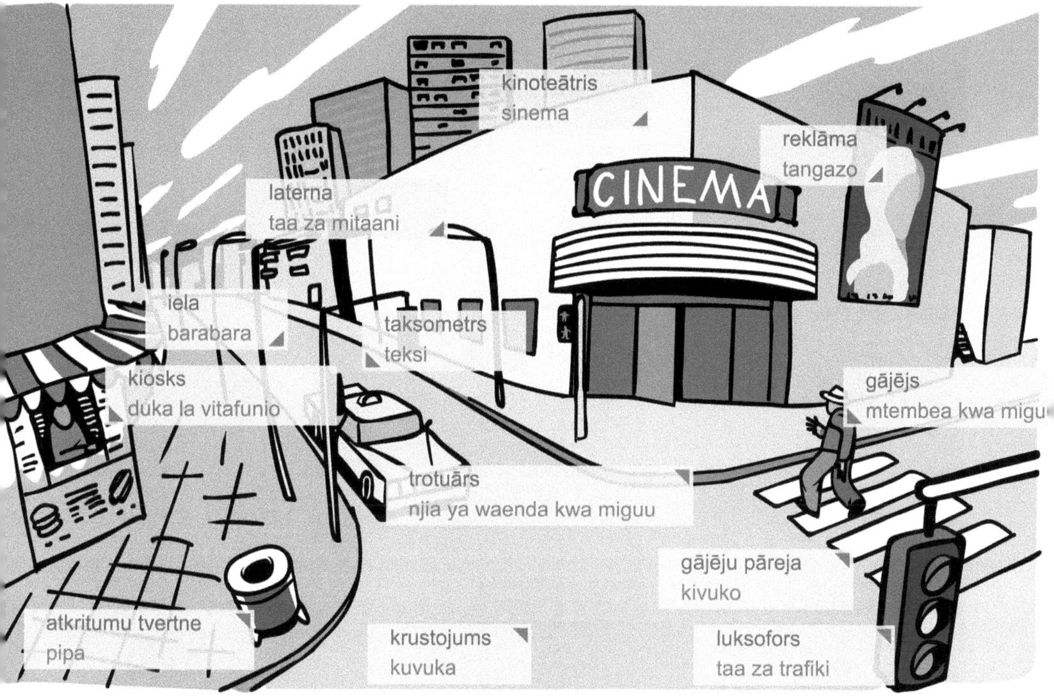
kinoteātris
sinema
reklāma
tangazo
CINEMA
laterna
taa za mitaani
iela
barabara
taksometrs
teksi
kiosks
duka la vitafunio
gājējs
mtembea kwa miguu
trotuārs
njia ya waenda kwa miguu
gājēju pāreja
kivuko
atkritumu tvertne
pipa
krustojums
kuvuka
luksofors
taa za trafiki

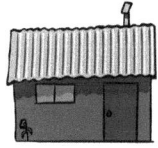

būda

kibanda

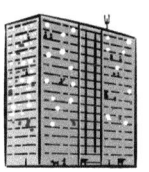

dzīvoklis

gorofa

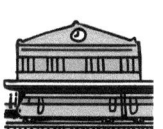

dzelzceļa stacija

kituo cha treni

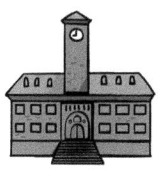

rātsnams

ukumbi wa mji

MUSEUM

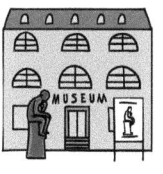

muzejs

Makavazi

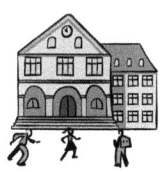

skola

shule

universitāte

chuo kikuu

banka

benki

slimnīca

hospitali

viesnīca

hoteli

aptieka

duka la dawa

birojs

ofisi

grāmatnīca

duka la kitabu

veikals

duka

ziedu veikals

duka la maua

lielveikals

dukakuu

tirgus

soko

tirdzniecības centrs

idara ya kuhifadhi

zivju tirgotājs

mwuza samaki

tirdzniecības centrs

kituo cha ununuzi

osta

bandari

parks

Hifadhi

sols

benki

tilts

daraja

kāpnes

vidato

metro

chini ya ardhi

tunelis

handaki

autobusa pieturvieta

kituo cha mabasi

bārs

bar

restorāns

mgahawa

pastkastīte

sanduku la posta

ielas nosaukuma plāksne

ishara ya barabara

stāvlaika skaitītājs

mita ya maegesho

zooloģiskais dārzs

bustani ya wanyama

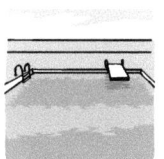

peldbaseins

kidimbwi cha kuogelea

mošeja

msikiti

zemnieku saimniecība

shamba

vides piesārņojums

uchafuzi

kapsēta

makaburini

baznīca

kanisa

spēļu laukums

uwanja wa michezo

templis

hekalu

ainava

mazingira

lapa
jani

ceļrādis
ishara ya mwelekeo

ceļš
njia

pļava
malisho

akmens
jiwe

koks
mti

ceļotājs
mtembeaji wa masafa

upe
mto

zāle
nyasi

puķe
ua

ieleja
bonde

kalns
kilima

ezers
ziwa

mežs
msitu

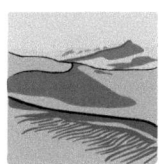

tuksnesis
jangwa

vulkāns
volkano

pils
ngome

varavīksne
upinde wa mvua

sēne
uyoga

palma
mtende

moskīts
mbu

muša
kuruka

skudra
chungu

bite
nyuki

zirneklis
buibui

vabole

mende

varde

chura

vāvere

kuchakuro

ezis

nungunungu

zaķis

sungura

pūce

bundi

putns

ndege

gulbis

swan

meža cūka

nguruwe mwitu

briedis

kulungu

alnis

aina ya kongoni

aizsprosts

bwawa

vēja ģenerators

tabo ya upepo

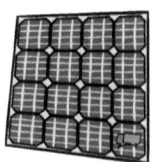

saules baterija

nishaji ya jua

klimats

hali ya hewa

restorāns
mgahawa

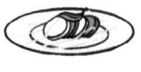

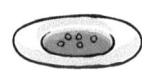

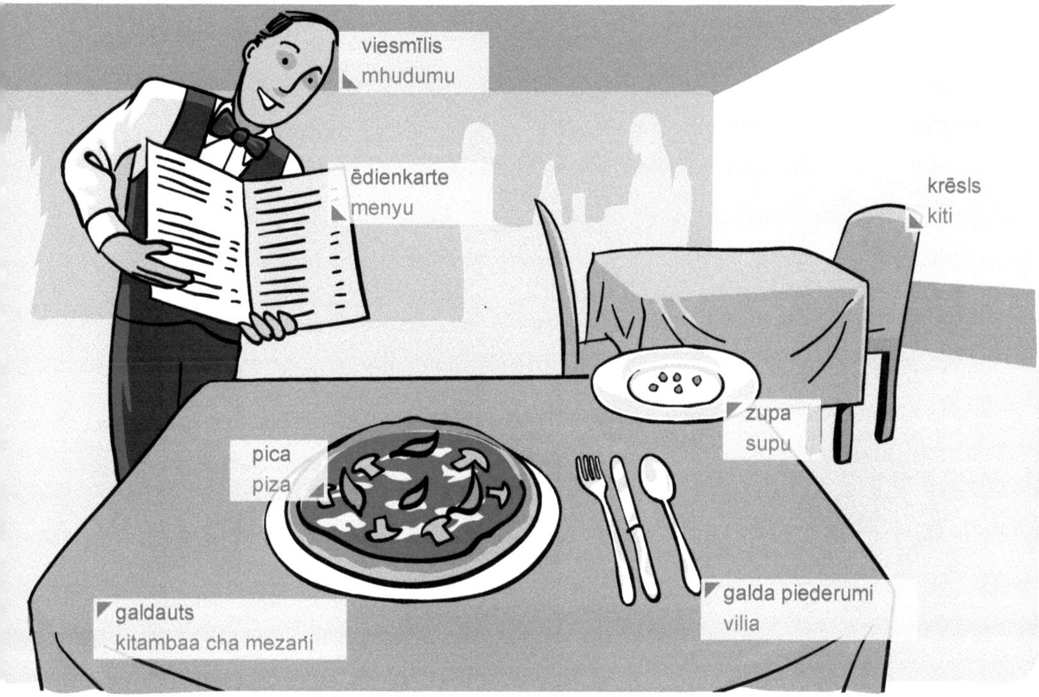
viesmīlis
mhudumu
ēdienkarte
menyu
krēsls
kiti
zupa
supu
pica
piza
galdauts
kitambaa cha mezani
galda piederumi
vilia

uzkoda

kiamsha hamu

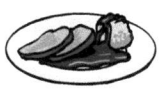

pamatēdiens

kozi kuu

deserts

kitindamlo

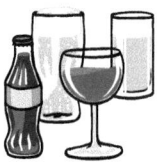

dzērieni

vinywaji

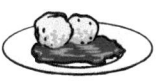

ēdiens

chakula

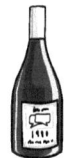

pudele

chupa

ātrās uzkodas

chakula cha haraka

ielu uzkodas

Streetfood

tējkanna

buli

cukurtrauks

kisanduku cha sukari

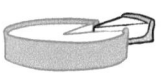

porcija

sehemu

espresso kafijas automāts

mashine ya espresso

bāra krēsls

kiti kirefu

rēķins

muswada

paplāte

trei

nazis

kisu

dakša

uma

karote

kijiko

tējkarote

kijiko cha chai

salvete

nepi

glāze

glasi

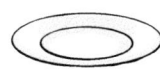

šķīvis

sahani

zupas šķīvis

sahani ya supu

apakštase

sufuria

mērce

mchuzi

sāls trauciņš

kichanyaji chumvi

piparu dzirnaviņas

kinu cha pilipili

etiķis

siki

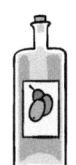

eļļa

mafuta

garšvielas

viungo

kečups

kechapu

sinepes

haradali

majonēze

kachumbari nzito

lielveikals
dukakuu

piedāvājums
ofa maalum
FOR
klients
mteja
piena produkti
maziwa
augļi
matunda
iepirkumu ratiņi
toroli

BUTCHERS

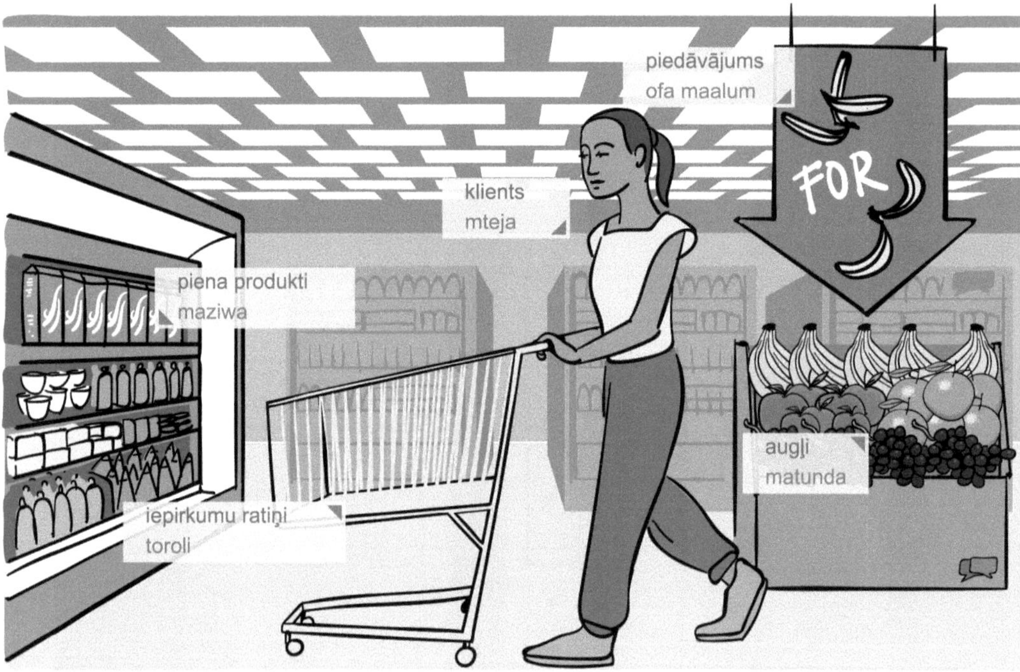

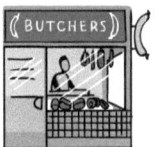

kautuve

mchinjaji

BAKERY

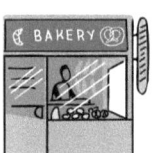

maizes veikals

mwokaji

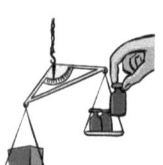

svērt

uzito

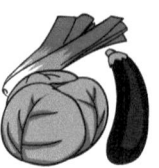

dārzeņi

mboga

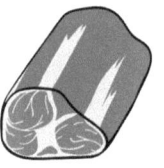

gaļa

nyama

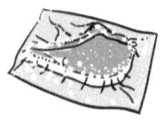

saldēti produkti

chakula waliohifadhiwa

aukstās gaļas uzkodas

vipande vya nyama baridi

konservi

chakula cha kopo

pulveris

sabuni ya unga

saldumi

pipi

mājsaimniecības preces

bidhaa za kaya

tīrīšanas līdzeklis

bidhaa za kusafisha

pārdevēja

mtu mauzo

kase

mpaka

kasieris

keshia

iepirkumu saraksts

orodha ya manunuzi

darba laiks

masaa ya ufunguzi

maks

mkoba

kredītkarte

kadi

soma

mfuko

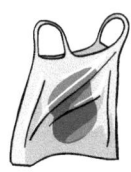

maisiņš

mfuko wa plastiki

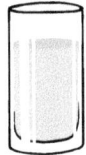

ūdens
maji

sula
sharubati

piens
maziwa

kola
coke

vīns
mvinyo

alus
bia

alkohols
pombe

kakao
kakao

tēja
chai

kafija
kahawa

espresso
spreso

kapučīno
kapuchino

banāns
ndizi

ābols
tufaha

apelsīns
machungwa

melone
tikiti

citrons
lemon

burkāns
karoti

ķiploks
kitunguu saumu

bambuss
mianzi

sīpols
kitunguu

sēne
uyoga

rieksti
karanga

makaroni
nudo

spageti

spageti

rīsi

mpunga

salāti

saladi

frī kartupeļi

vibanzi

cepti kartupeļi

viazi vya kukaanga

pica

piza

hamburgers

hambaga

sviestmaize

sandwichi

šnicele

kipande

šķiņķis

paja la mnyama

salami

salami

desa

soseji

vista

kuku

cepetis

choma

zivs

samaki

auzu pārslas
oats ya uji

muslis
muesli

brokastu pārslas
cornflakes

milti
unga

radziņš
kroisanti

brokastu maizītes
andazi

maize
mkate

tostermaize
mkate wa kubanika

cepumi
biskuti

sviests
siagi

biezpiens
maziwa mgando

kūka
keki

ola
yai

cepta ola
yai kukaanga

siers
jibini

saldējums

aiskrimu

cukurs

sukari

medus

asali

marmelāde

jemu

riekstu krēms

kuenea kwa chokoleti

karijs

mchuzi wa viungo

ēdiens - chakula

zemnieku saimniecība
shamba

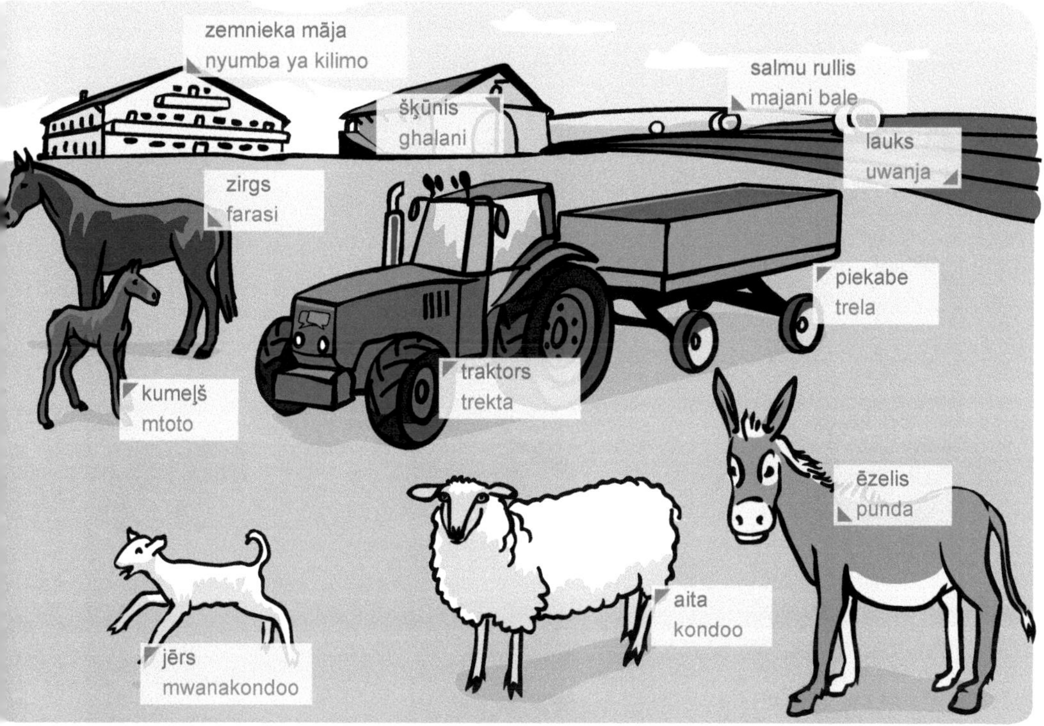
zemnieka māja
nyumba ya kilimo
šķūnis
ghalani
salmu rullis
majani bale
lauks
uwanja
zirgs
farasi
piekabe
trela
kumeļš
mtoto
traktors
trekta
ēzelis
punda
aita
kondoo
jērs
mwanakondoo

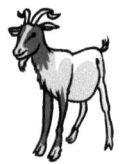

kaza
mbuzi

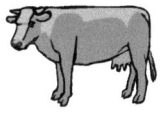

govs
ng'ombe

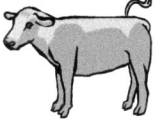

teļš
ndama

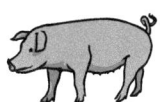

cūka
nguruwe

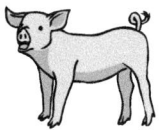

sivēns
mwananguruwe

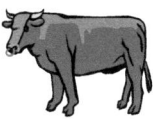

bullis
fahali

zoss

batabukini

pīle

bata

cālis

kifaranga

vista

kuku

gailis

jogoo

žurka

panya

kaķis

paka

pele

panya

vērsis

ng'ombe

suns

mbwa

suņa būda

nyumba ya mbwa

dārza šļūtene

bomba la bustani

lejkanna

debe la kumwagilia maji

izkapts

fyekeo

arkls

kulima

sirpis

mundu

kaplis

jembe

mēslu dakša

uma wa nyasi

cirvis

shoka

ķerra

toroli

sile

kupitia nyimbo

piena kanna

chombo cha maziwa

maiss

gunia

žogs

ua

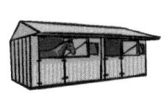

kūts

imara

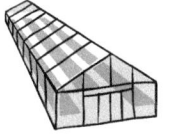

siltumnīca

chafu

augsne

udongo

sēklas

mbegu

mēslojums

mbolea

kombains

kivunaji

novākt ražu
....
mavuno

raža
....
mavuno

jamss
....
viazi vikuu

kvieši
....
ngano

soja
....
soya

kartupelis
....
viazi

kukurūza
....
mahindi

rapsis
....
rapa

augļu koks
....
mti wa matunda

manioka
....
muhogo

labība
....
nafaka

māja
nyumba

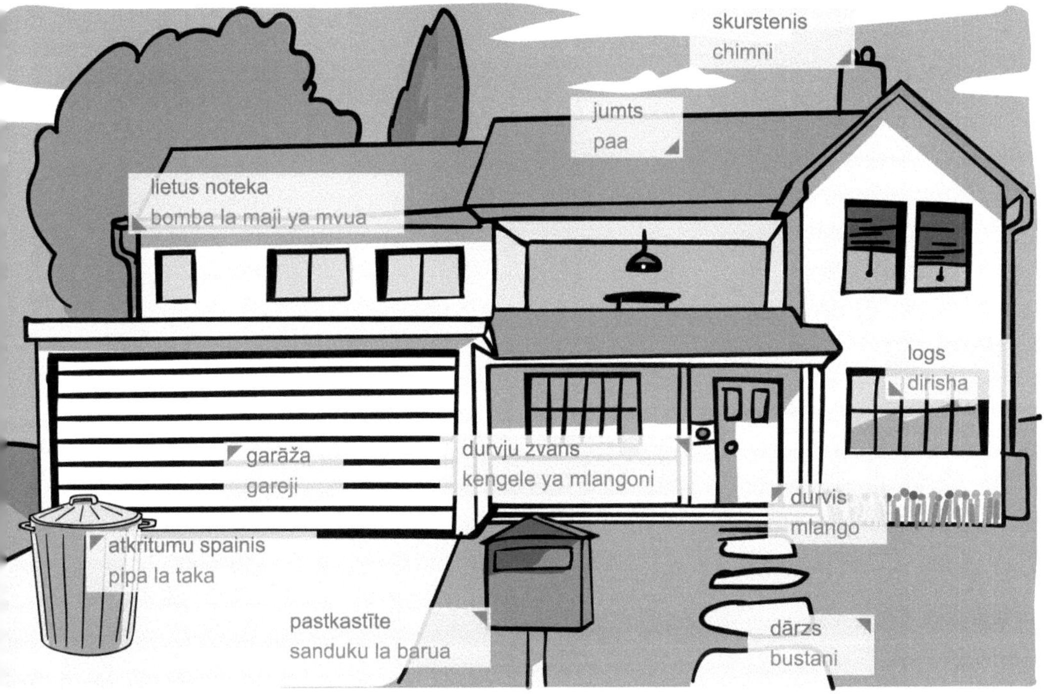
skurstenis
chimni
jumts
paa
lietus noteka
bomba la maji ya mvua
logs
dirisha
garāža
gareji
durvju zvans
kengele ya mlangoni
durvis
mlango
atkritumu spainis
pipa la taka
pastkastīte
sanduku la barua
dārzs
bustani

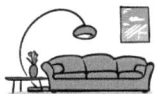

viesistaba

sebuleni

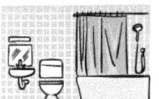

vannas istaba

bafu

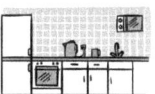

virtuve

jikoni

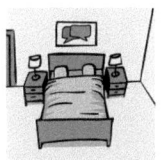

guļamistaba

chumba cha kulala

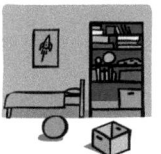

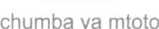

bērnu istaba

chumba ya mtoto

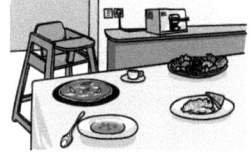

ēdamistaba

chumba cha kulia

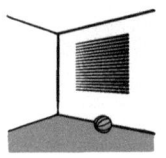

grīda

sakafu

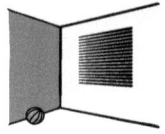

siena

ukuta

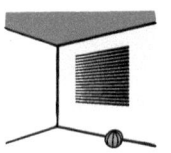

griesti

dari

pagrabs

pishi

sauna

sauna

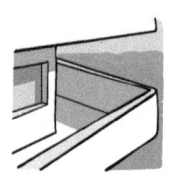

balkons

roshani

terase

mtaro

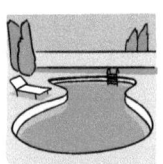

baseins

kidimbwi

zāles pļāvējs

mashine ya kukata nyasi

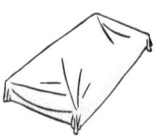

gultas veļa

karatasi

sega

kitambaa cha kupamba
kitanda

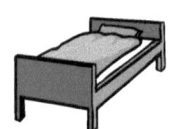

gulta

kitanda

slota

ufagio

spainis

ndoo

slēdzis

kubadili

viesistaba
sebuleni

tapetes
mandhari
attēls
picha
lampa
taa
plaukts
rafu
skapis
kabati
televizors
televisheni/runinga
kamīns
mekoni
puķe
ua
spilvens
mto
dīvāns
sofa
vāze
chombo cha maua
tālvadības pults
kitenzambali

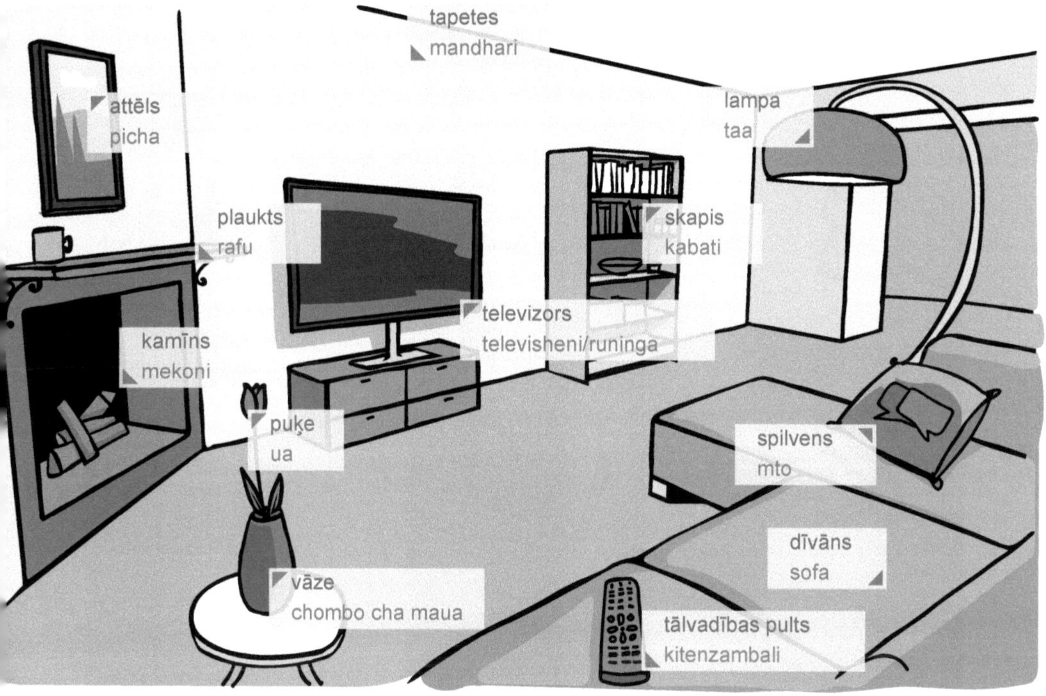

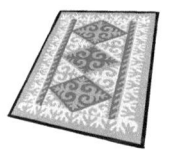

paklājs

zulia

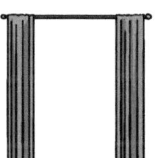

aizkars

pazia

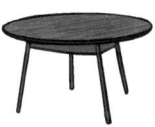

galds

meza

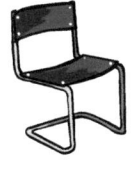

krēsls

kiti

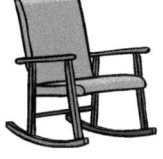

šūpuļkrēsls

kiti cha bembea

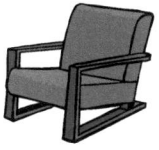

atpūtas krēsls

armchair

grāmata
kitabu

sega
blanketi

dekorācija
mapambo

malka
kuni

filma
filamu

mūzikas centrs
kifaa cha hi-fi

atslēga
ufunguo

avīze
gazeti

glezna
uchoraji

plakāts
bango

radio
redio

pierakstu blociņš
daftari

putekļu sūcējs
kifyonza

kaktuss
dungusi kakati

svece
mshumaa

virtuve
jikoni

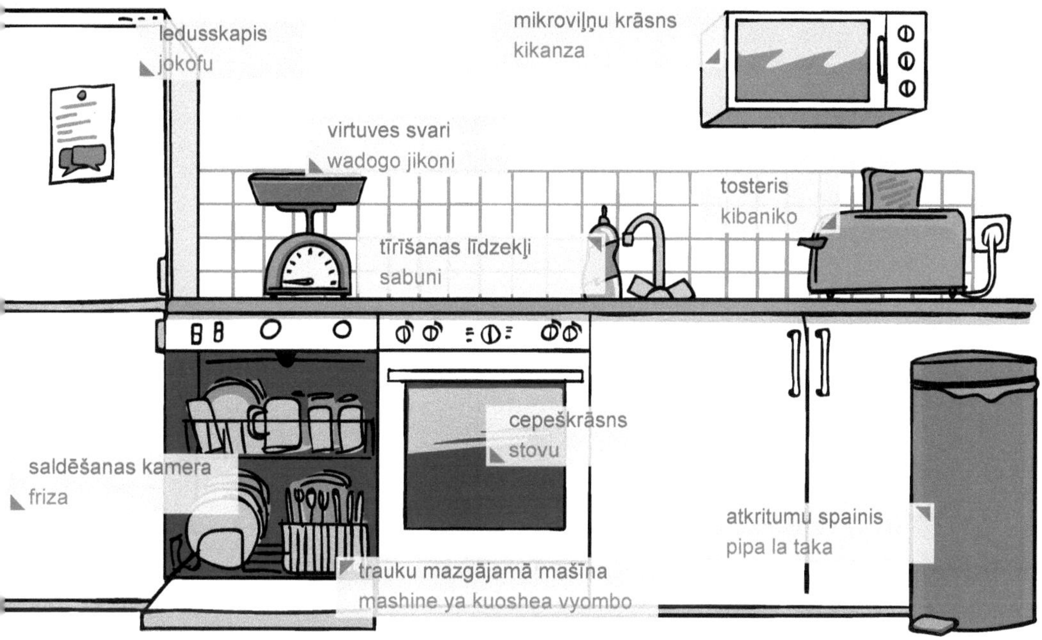

ledusskapis
jokofu
mikroviļņu krāsns
kikanza
virtuves svari
wadogo jikoni
tosteris
kibaniko
tīrīšanas līdzekļi
sabuni
cepeškrāsns
stovu
saldēšanas kamera
friza
atkritumu spainis
pipa la taka
trauku mazgājamā mašīna
mashine ya kuoshea vyombo

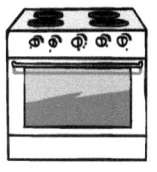

plīts

jiko la kupika

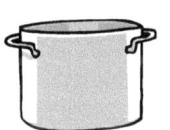

pods

chungu

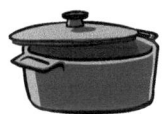

katls

sufuria ya chuma

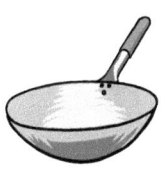

Wok panna

wok / kadai

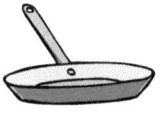

panna

kaango

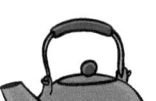

elektriskā tējkanna

birika

tvaika katls

stima

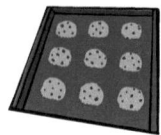

cepešpanna

sinia ya kuoka

trauki

vyombo vya udongo

krūze

kombe

bļoda

bakuli

irbulīši

vijiti vya kulia

kauss

ukawa

lāpstiņa

mwiko mpana

putošanas slotiņa

burashi

sietiņš

kichujio

siets

chujio

rīve

mbuzi

piesta

chokaa

grilēt

barbeque

atklāts pavards

moto wazi

dēlis

ubao wa majaribio

mīklas rullis

kijiti cha kusukuma unga

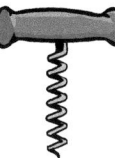

korķu viļķis

kizibuo

bundža

kopo

konservu nazis

inaweza kopo

virtuves cimdi

kishikio cha chungu

izlietne

karo

birste

brashi

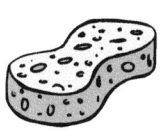

sūklis

sifongo

mikseris

kisagaji matunda

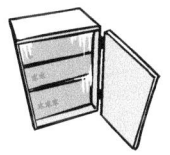

saldētava

friji ya kina

bērna pudelīte

chupa ya mtoto

ūdenskrāns

bomba

vannas istaba

bafu

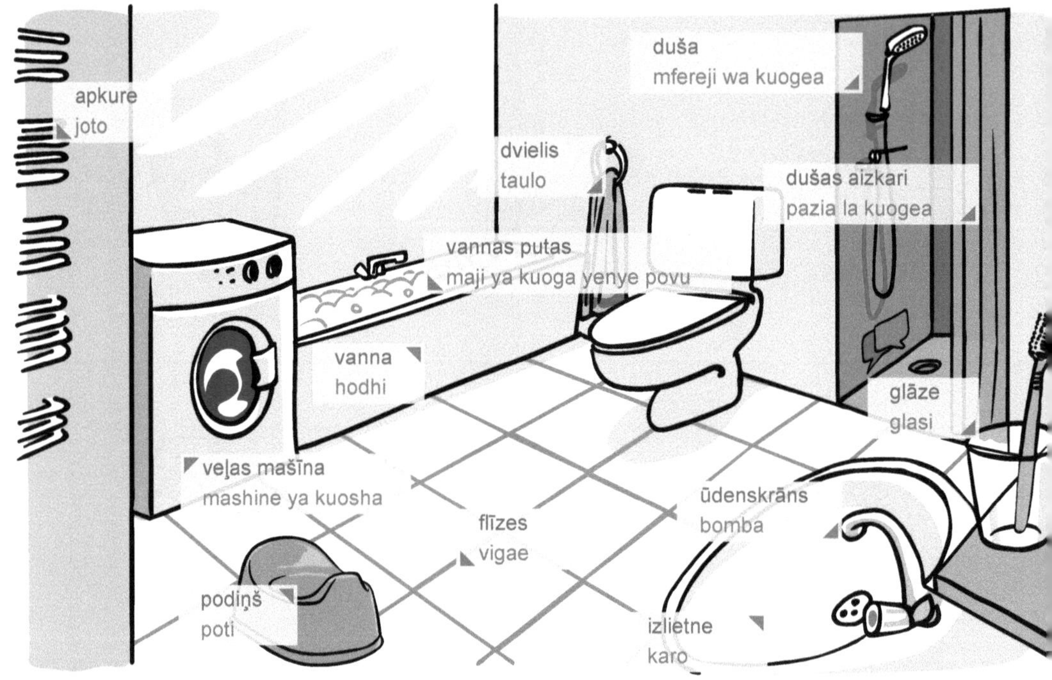

apkure
joto
duša
mfereji wa kuogea
dvielis
taulo
dušas aizkari
pazia la kuogea
vannas putas
maji ya kuoga yenye povu
vanna
hodhi
glāze
glasi
veļas mašīna
mashine ya kuosha
ūdenskrāns
bomba
flīzes
vigae
podiņš
poti
izlietne
karo

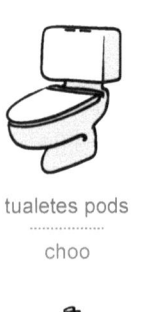

tualetes pods

choo

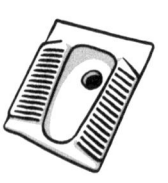

Āzijas tipa tualete

choo cha squat

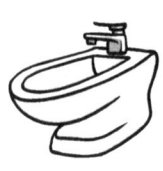

bidē

beseni la mviringo

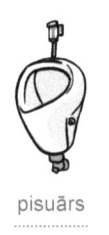

pisuārs

choo cha umma

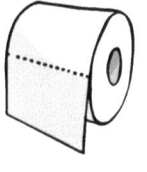

tualetes papīs

shashi

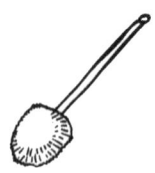

tualetes birste

brashi ya choo

zobu birste

mswaki

zobu pasta

dawa ya meno

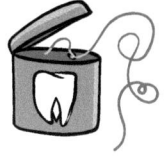

zobu diegs

dawa ya meno

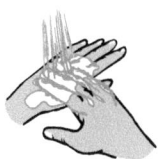

mazgāt

safisha

rokas duša

kuoga mkono

duša

msukumo wa maji

bļoda

bonde

muguras mazgāšanas birste

mpako wa pili

ziepes

sabuni

dušas želeja

jeli ya kuogea

šampūns

shampuu

mazgāšanas drāna

flana

noteka

toa maji

krēms

krimu

dezodorants

kiondoa harufu

spogulis

kioo

spogulītis

kioo mkono

skuveklis

kinyozi

skūšanās putas

povu la kunyoa

losjons pēc skūšanās

baada ya kunyoa

ķemme

kichana

matu suka

brashi

matu fēns

kikausha nywele

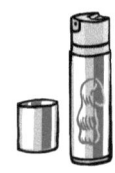

matu laka

marashi ya nyewele

grima komplekts

vipodozi

lūpu krāsa

kidomwa

nagulaka

varnish ya msumari

vate

pamba

šķērītes

mkasi wa kucha

smaržas

manukato

kosmētikas maks

mkoba wa kuosha

ķeblītis

kinyesi

svari

mizani

halāts

nguo ya kuoga

tīrīšanas cimdi

glavu za mpira

tampons

kisodo

pakete

sodo

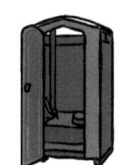

ķīmiskā tualete

kemikali choo

bērnu istaba
chumba ya mtoto

modinātājs
saa ya kengele
mīkstā rotaļlieta
kidoli cha kupakata
spēļu automašīna
gari bandia
grabulis
kelele
leļļu māja
chumba cha midoli
dāvana
sasa

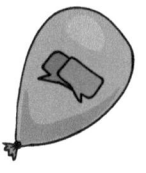

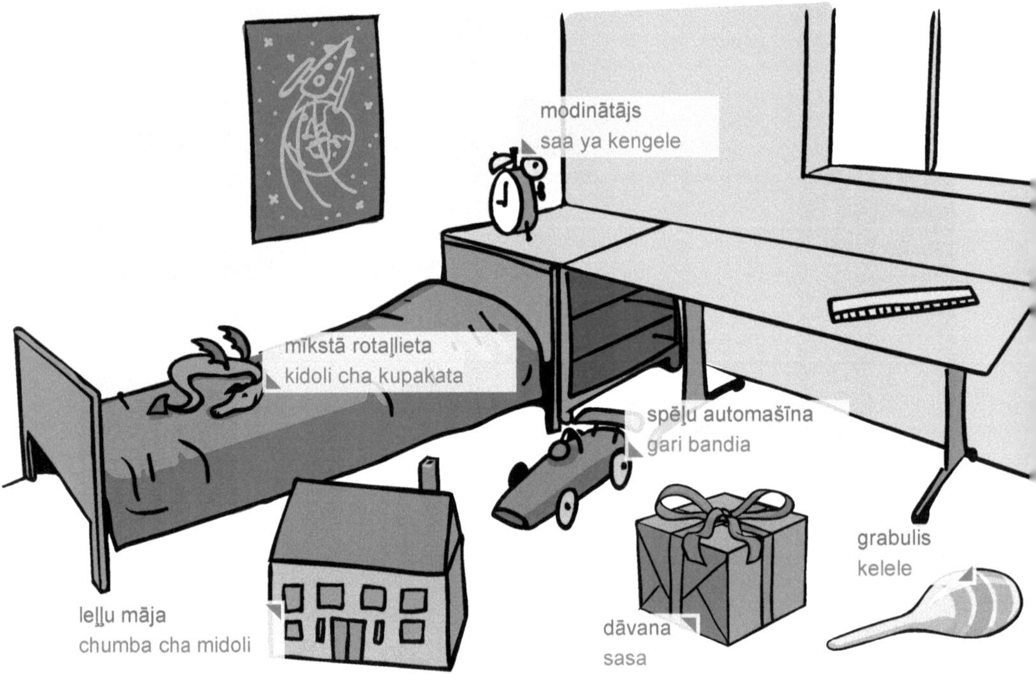

balons

baluni

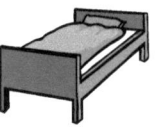

gulta

kitanda

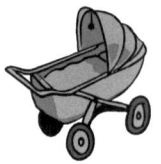

bērnu ratiņi

mashua

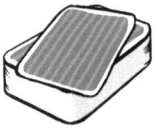

kārtis

staha ya kadi

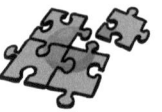

puzle

mchezo-fumb

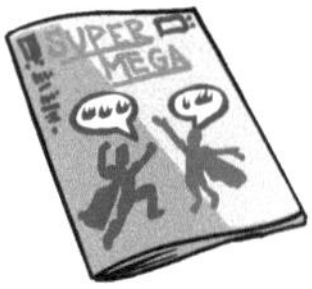

komikss

vichekesho

LEGO klucīši

matofali lego

klucīši

vitalu mwigo

varoņu figūra

hatua takwimu

rāpulītis

suti ya kulalia

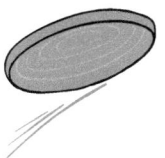

lidojošais šķīvītis

kisahani

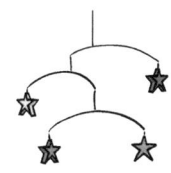

muzikālais karuselis

simu

galda spēle

ubao wa michezo

metamais kauliņš

kete

rotaļu dzelzceļš

garimoshi mwigo

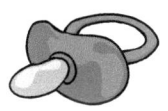

māneklis

dummy

ballīte

chama

bilžu grāmata

picha kitabu

bumba

mpira

lelle

kikaragosi

spēlēt

kucheza

bērnu istaba - chumba ya mtoto

43

smilšu kaste

shimo la mchanga

šūpoles

bembea

rotaļlietas

vitu bandia

spēļu konsole

kiweko cha video ya mchezo

trīsritenis

baiskeli ya magurudumu

matatu

plīša lācītis

mwanasesere

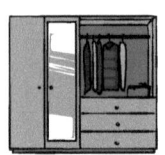

drēbju skapis

kabati

apġērbs

nguo

īszeķes

soksi

zeķes

stokingi

zeķbikses

kibano

šalle
skafu

siksna
ukanda

lietussargs
mwavuli

T-krekls
fulana

zābaks
viatu

čības
ndara

botas
wakufunzi

sandales

malapa

kurpes

viatu

gumijas zābaki

mabuti ya mpira

apakšbikses

suruali ya ndani

krūšturis

sidiria

apakškrekls

fulana

bodijs

mwili

bikses

suruali

džinsi

dangirizi

svārki

sketi

blūze

blauzi

krekls

shati

pulovers

vuta

džemperis

sweta

žakete

bleza

jaka

jaketi

mētelis

koti

lietus mētelis

koti la mvua

kostīms

maleba

kleita

gauni

kāzu kleita

mavazi ya harusi

uzvalks

suti

naktskrekls

vazi la usiku

pidžama

pajama

sari

sari

lakats

skafu

turbāns

kilemba

burka

burka

kaftāns

kaftan

abaja

abaya

peldkostīms

vazi la kuogelea

peldbikses

vazi la kiume la kuogelea

šorti

kaptura

treniņtērps

teitei

priekšauts

aproni

cimdi

glavu

poga

kifungo

brilles

glasi

rokassprādze

bangili

kaklarota

mkufu

gredzens

pete

auskars

herini

cepure

kofia

drēbju pakaramais

kiango cha koti

platmale

kofia

kaklasaite

tai

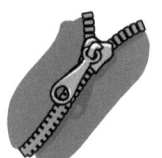

rāvējslēdzējs

zipu

ķivere

kofia

bikšturi

kanda za suruali

skolas forma

sare za shule

uniforma

sare

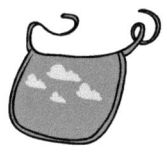

priekšautiņš

bibu

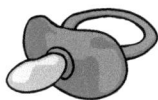

māneklis

dummy

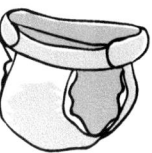

autiņbiksītes

nepi

birojs

ofisi

serveris
seva
dokumentu skapis
kabati la kuweka faili
printeris
kichapishaji
papīrs
karatasi
monitors
kiwambo
rakstāmgalds
dawati
pele
kipanya
dokumentu vāki
folda
klaviatūra
kibodi
grozs
u cha kuweka karatasi chafu
krēsls
kiti
dators
kompyuta

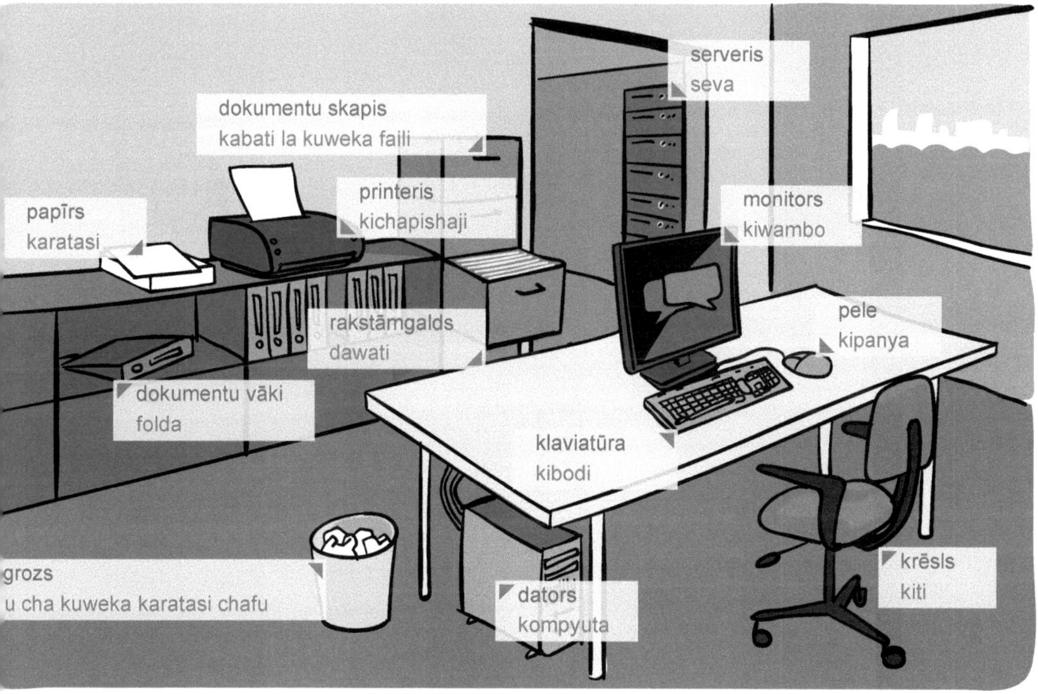

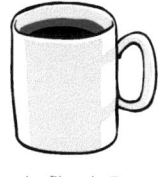

kafijas krūze

kmobe la kahawa

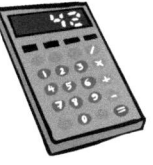

kalkulators

kikokotoo

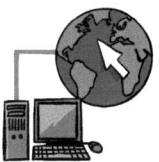

internets

biashara

portatīvais dators
mbali

vēstule
barua

ziņa
ujumbe

mobilais tālrunis
rununu

tīkls
intaneti

kopētājs
fotokopia

programmatūra
programu

telefons
simu

rozete
soketi

faksa aparāts
kipepesi

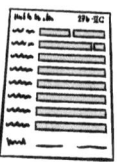

formulārs
fomu

dokuments
hati

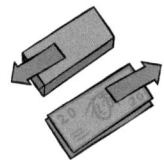

pirkt

kununua

samaksāt

kulipa

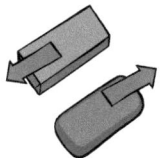

tirgot

biashara

nauda

fedha

dolārs

dola

eiro

yuro

jēna

yeni

rublis

rouble

franks

faranga ya Uswisi

juaṇa renminbi

renminbi yuan

rūpija

rupia

bankomāts

eneo la kulipia

valūtas maiņas punkts

ofisi ya ubadilishanaji

zelts

dhahabu

sudrabs

fedha

nafta

mafuta

enerģija

nishati

cena

bei

līgums

mkataba

nodoklis

kodi

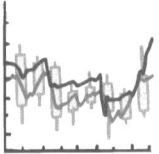

akcija

bidhaa

strādāt

kazi

darbinieks

mfanyakazi

darba devējs

mwajiri

fabrika

kiwanda

veikals

duka

profesijas
kazi

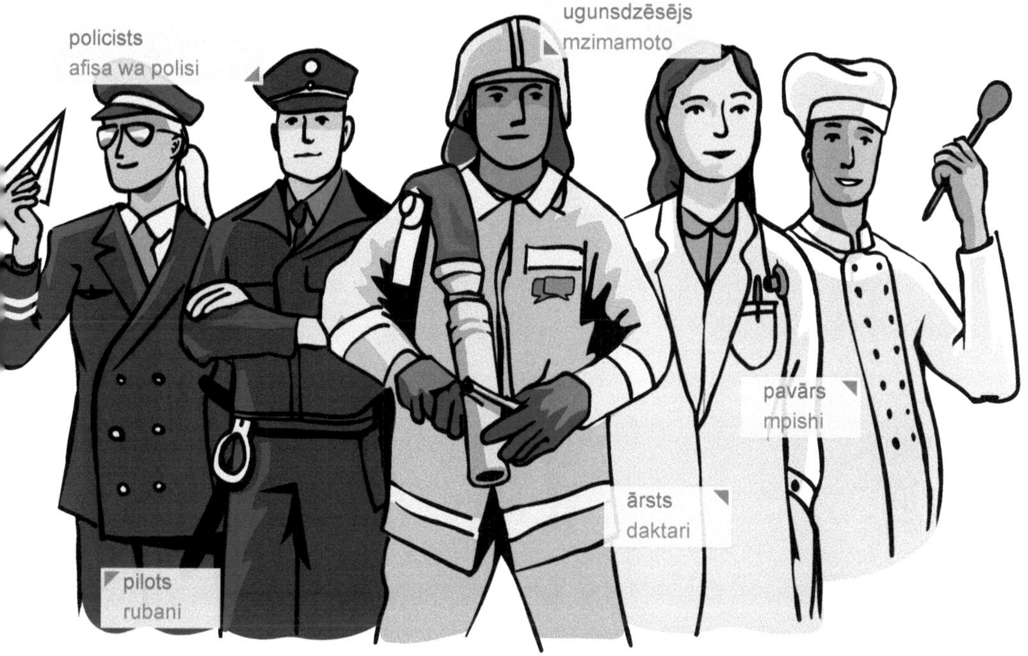

policists
afisa wa polisi
ugunsdzēsējs
mzimamoto
pavārs
mpishi
ārsts
daktari
pilots
rubani

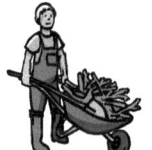

dārznieks

mtunza bustani

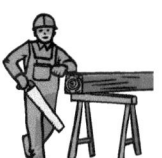

galdnieks

seremala

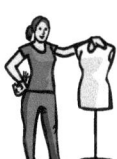

šuvēja

mshonaji

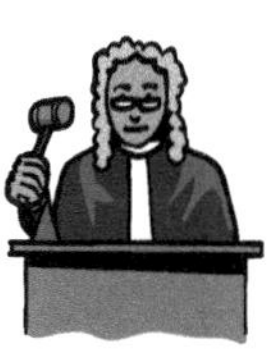

tiesnesis

hakimu

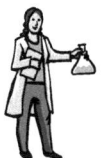

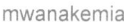

ķīmiķis

mwanakemia

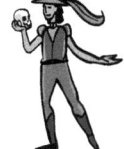

aktieris

muigizaji

autobusa vadītājs

dereva wa basi

taksometra vadītājs

dereva wa teksi

zvejnieks

mvuvi

apkopēja

mwanamke wa kusafisha

jumiķis

mwezekaji

viesmīlis

mhudumu

mednieks

mwindaji

gleznotājs

mchoraji

maiznieks

mwokaji

elektriķis

umeme

celtnieks

mjenzi

inženieris

mhandisi

miesnieks

mchinjaji

skārdnieks

fundi bomba

pastnieks

mwanaposta

karavīrs

mwanajeshi

arhitekts

msanifu majengo

kasieris

keshia

florists

muuza maua

frizieris

msusi

konduktors

kondakta

mehāniķis

mekanika

kapteinis

nahodha

zobārsts

daktari wa meno

zinātnieks

mwanasayansi

rabīns

rabbi

imāms

imamu

mūks

mtawa

mācītājs

kasisi

instrumenti

zana

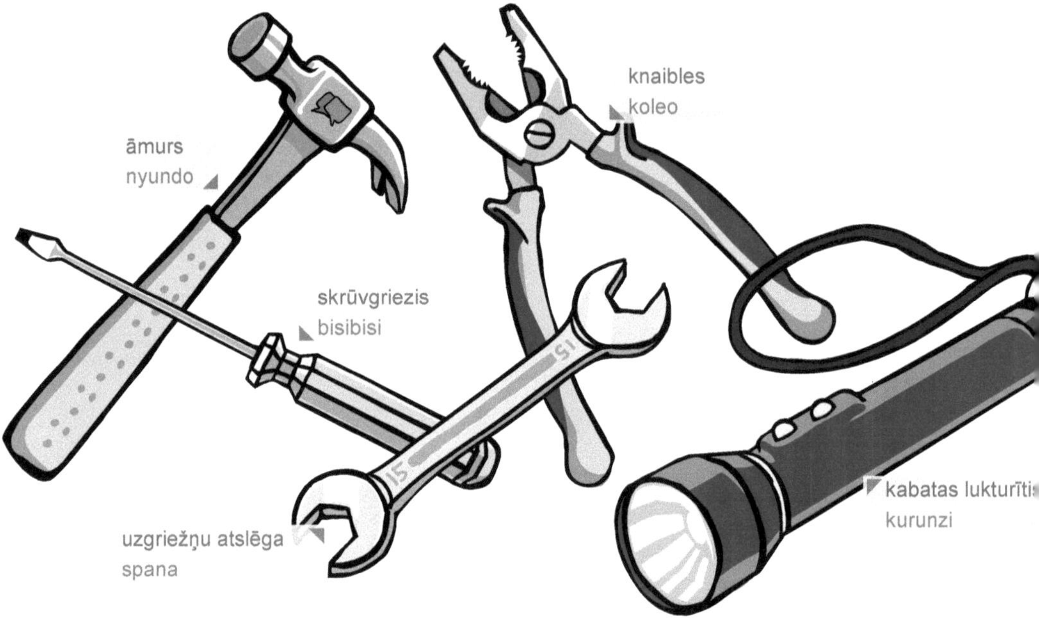

knaibles
koleo
āmurs
nyundo
skrūvgriezis
bisibisi
kabatas lukturīti
kurunzi
uzgriežņu atslēga
spana

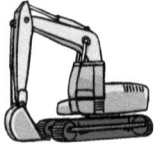

ekskavators

mchimbaji

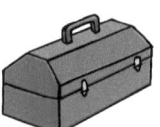

instrumentu kaste

sanduku la vifaa

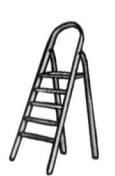

kāpnes

ngazi

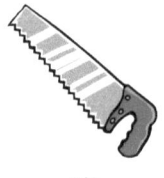

zāģis

msumeno

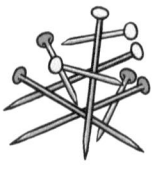

naglas

misumari

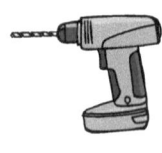

urbis

kuchimba visima

remontēt
kukarabati

lāpsta
sepetu

Velns!
Lo!

liekšķere
kishikio cha uchafu

krāsas bundža
chungu cha rangi

skrūves
skurubu

mūzikas instrumenti
ala za muziki

bungas
mpangilio wa ngoma

skaļrunis
spika

ģitāra
gita

kontrabass
besi mara mbili

trompete
tarumbeta

klavieres

piano

vijole

fidla

bass

ubeji

timpāni

timpani

bungas

ngoma

digitālās klavieres

kibodi

saksofons

saksafoni

flauta

filimbi

mikrofons

maikrofoni

zooloģiskais dārzs
bustani ya wanyama

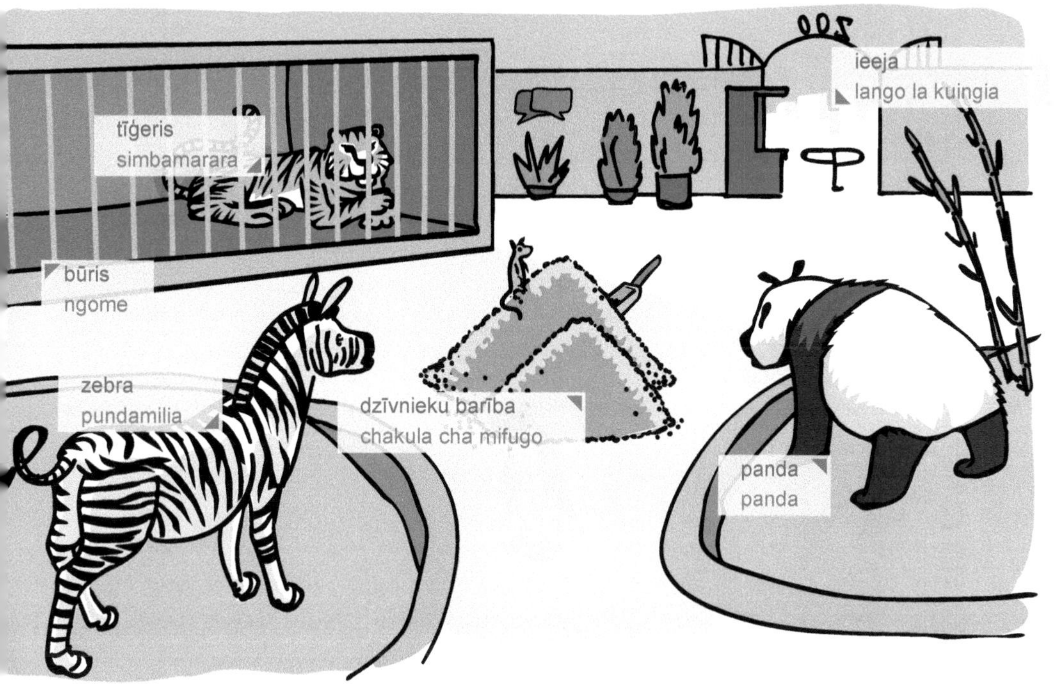

ieeja
lango la kuingia
tīģeris
simbamarara
būris
ngome
zebra
pundamilia
dzīvnieku barība
chakula cha mifugo
panda
panda

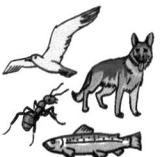

dzīvnieki
wanyama

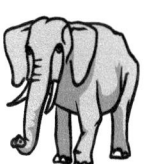

zilonis
tembo

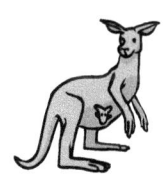

ķengurs
kangaruu

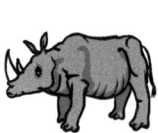

degunradzis
kifaru

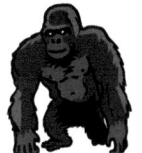

gorilla
sokwe

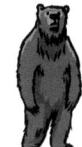

lācis
dubu

kamielis

ngamia

strauss

mbuni

lauva

simba

pērtiķis

tumbili

flamings

heroe

papagailis

kasuku

polārlācis

dubu

pingvīns

penguini

haizivs

papa

pāvs

tausi

čūska

nyoka

krokodils

mamba

zoodārza sargs

mtunza wanyama

ronis

muhuri

jaguārs

jaguar

ponijs

mwanafarasi

leopards

chui

nīlzirgs

kiboko

žirafe

twiga

ērglis

tai

meža cūka

nguruwe mwitu

zivs

samaki

bruņurupucis

kobe

valzirgs

sili

lapsa

mbweha

gazele

paa

amerikāņu futbols
soka ya marekani

riteņbraukšana
uendeshaji baiskeli

teniss
tenisi

basketbols
mpira wa kikapu

peldēšana
kuogelea

bokss
ndondi

hokejs
magongo ya barafuni

futbols
soka

badmintons
vinyoya

vieglatlētika
riadha

rokas bumba
mpira wa mikono

slēpošana
skii

polo
polo

darbības
shughuli

smieties
cheka
lēkt
kuruka
apskaut
kumbatia
iet
kutembea
dziedāt
kuimba
sapņot
ota ndoto
lūgt
kuomba
skūpstīt
busu

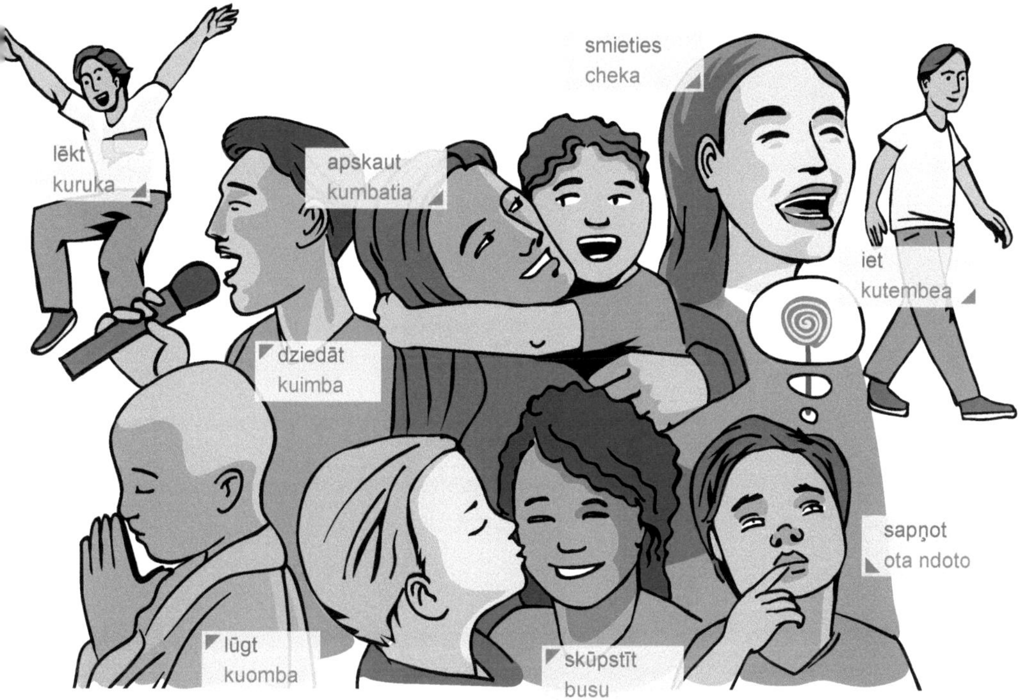

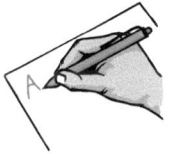

rakstīt

kuandika

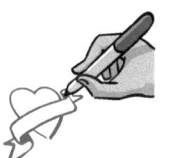

zīmēt

kuteka

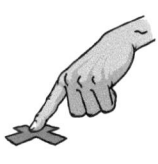

rādīt

angalia

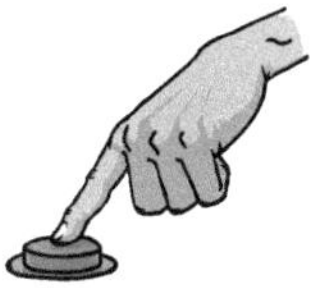

spiest

sukuma

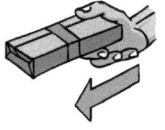

dot

kutoa

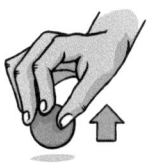

ņemt

kuchukua

būt

kuwa

darīt

fanya

būt

kuwa

stāvēt

kusimama

skriet

kukimbia

vilkt

vuta

mest

kutupa

krist

kuanguka

gulēt

hadaa

gaidīt

kusubiri

nest

kubeba

sēdēt

kukaa

uzģērbt

vaa nguo

gulēt

usingizi

pamosties

kuamka

skatīties

kuangalia

raudāt

lia

glāstīt

kiharusi

ķemmēt

chana nywele

runāt

ongea

saprast

kuelewa

jautāt

kuuliza

dzirdēt

kusikiliza

dzert

kunywa

ēst

kula

sakārtot

nadhifisha

mīlēt

upendo

vārīt

mpishi

braukt

gari

lidot

kuruka

burot

meli

rēķināt

kokotoa

lasīt

kusoma

mācīties

kujifunza

strādāt

kazi

precēties

kuoa

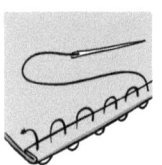

šūt

kushona

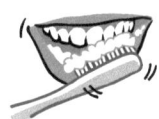

tīrīt zobus

piga mswaki

nogalināt

kuua

smēķēt

moshi

sūtīt

kutuma

vecāmāte
bibi

vectēvs
babu

tēvs
baba

māte
mama

mazulis
mtoto

meita
binti

dēls
bin

viesis

mgeni

tante

shangazi

onkulis

mjomba

brālis

kaka

māsa

dada

ķermenis

mwili

piere
paji la uso
acs
jicho
plecs
bega
pirksts
kidole
seja
uso
zods
kidevu
roka
mkono
kāja
mguu
krūtis
matiti
roka
mkono

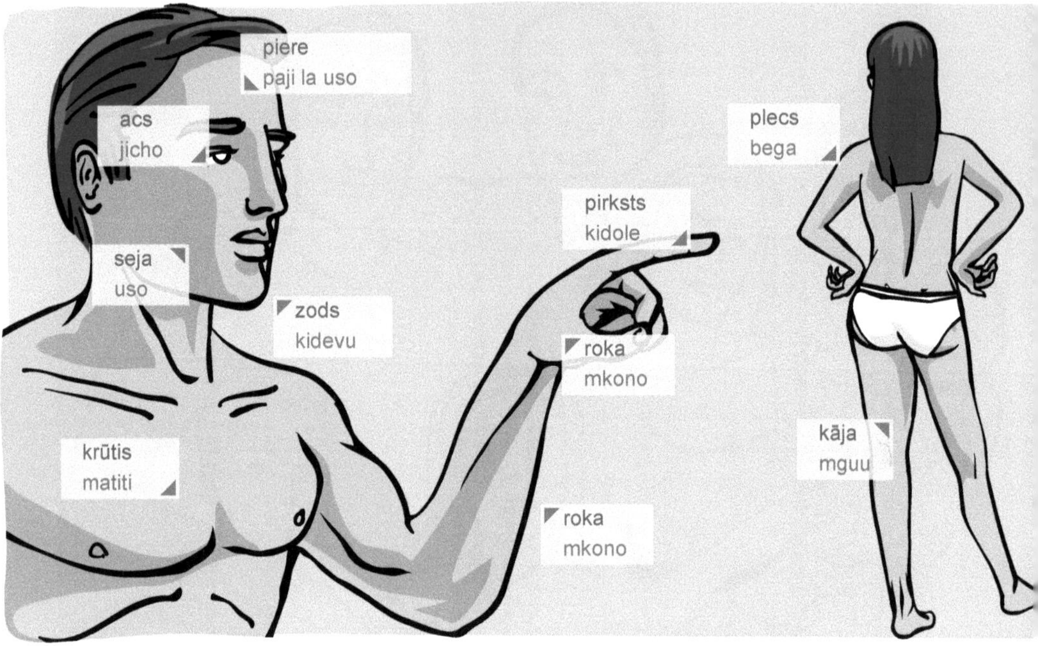

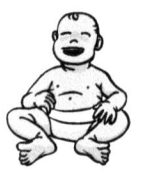

mazulis

mtoto

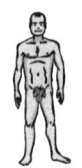

vīrietis

mwanamume

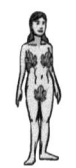

sieviete

mwanamke

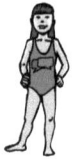

meitene

msichana

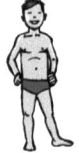

zēns

mvulana

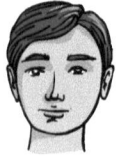

galva

kichwa

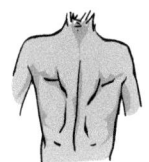

mugura

nyuma

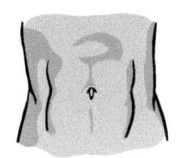

vēders

tumbo

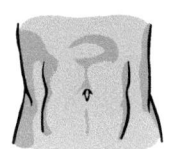

naba

kitovu

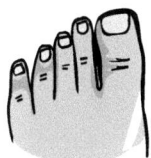

kājas pirksts

chano

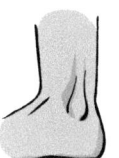

papēdis

kisigino

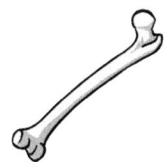

kauls

mfupa

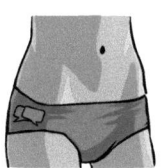

gurns

nyonga

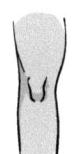

celis

goti

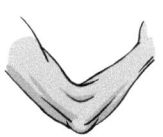

elkonis

kiwiko

deguns

pua

dibens

chini

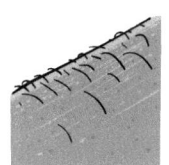

āda

ngozi

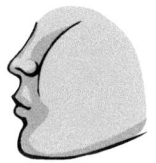

vaigs

shavu

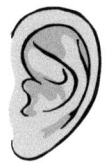

auss

sikio

lūpa

mdomo

ķermenis - mwili

69

mute

kinywa

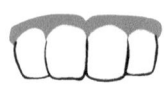

zobs

jino

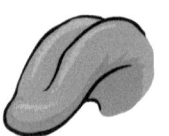

mēle

ulimi

smadzenes

ubongo

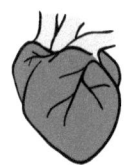

sirds

moyo

muskulis

misuli

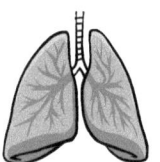

plaušas

pafu

aknas

ini

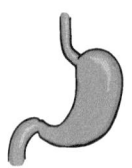

kuņģis

tumbo

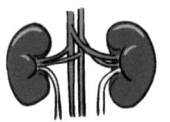

nieres

figo

dzimumakts

jinsia

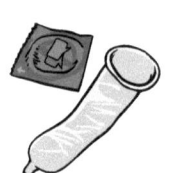

kondoms

kondomu

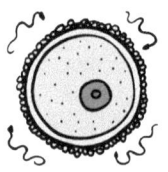

olšūna

ovari

sperma

shahawa

grūtniecība

mimba

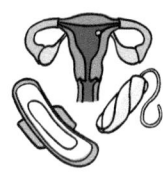

menstruācijas

hedhi

vagīna

uke

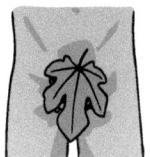

penis

uume

uzacs

unyusi

mati

nywele

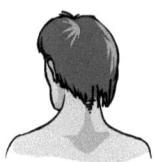

kakls

shingo

slimnīca
hospitali

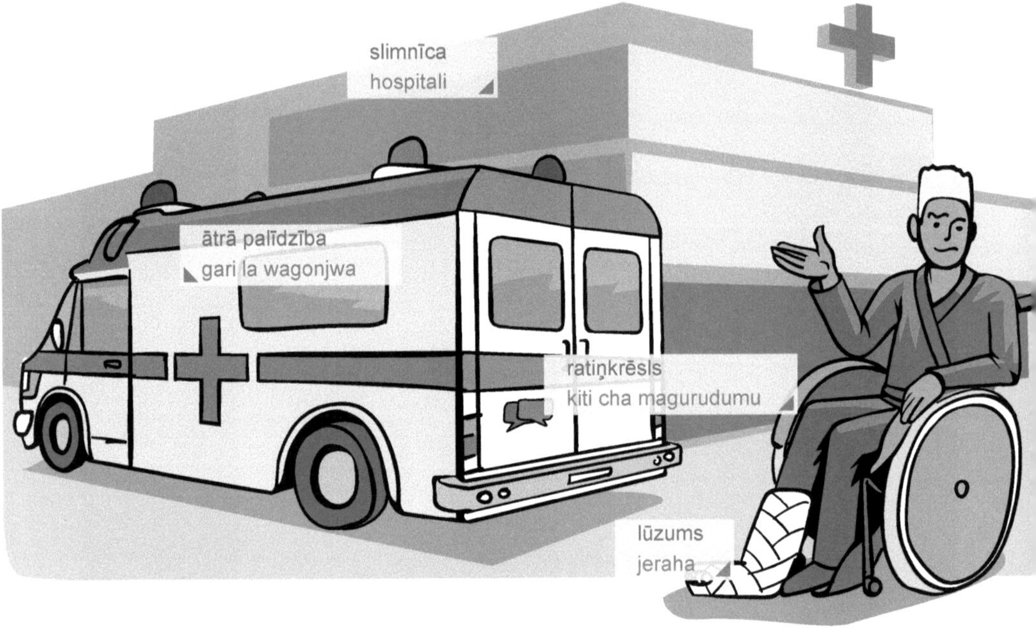

slimnīca
hospitali
ātrā palīdzība
gari la wagonjwa
ratiņkrēsls
kiti cha magurudumu
lūzums
jeraha

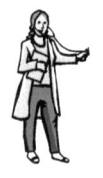

ārsts

daktari

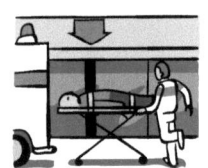

neatliekamās palīdzības nodaļa

chumba cha dharura

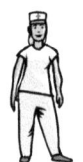

medmāsa

muuguzi

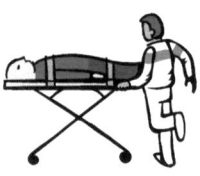

ārkārtas gadījums

dharura

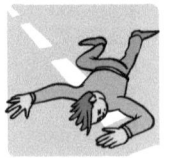

paģībis

kupoteza fahamu

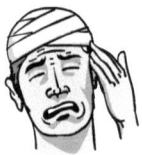

sāpes

maumivu

ievainojums

kuumia

asiņošana

kutokwa na damu

sirdslēkme

mshtuko wa moyo

insults

kiharusi

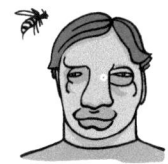

alerģija

mzio

klepus

kikohozi

temperatūra

homa

gripa

mafua

caureja

kuharisha

galvassāpes

maumivu ya kichwa

vēzis

kansa

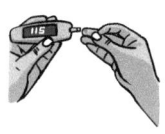

diabēts

ugonjwa wa kisukari

ķirurgs

daktari mpasuaji

skalpelis

kisu kidogo cha kupasulia

operācija

operesheni

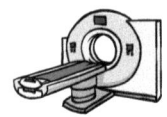

datortomogrāfija

picha changanufu ya mwili

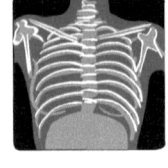

rentgents

Eksrei

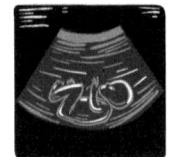

ultraskaņa

mawimbi sauti

sejas maska

barakoa ya uso

slimība

ugonjwa

uzgaidāmā telpa

chumba cha kusubiri

kruķis

mkongojo

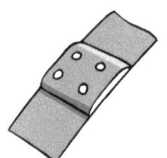

plāksteris

plasta

apsējs

bendeji

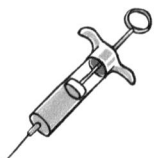

injekcija

sindano

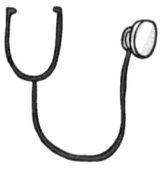

stetoskops

stetoskopu

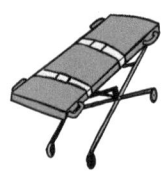

nestuves

machela

termometrs

kipimajoto cha kliniki

dzemdības

kuzaliwa

liekais svars

unene kupita kiasi

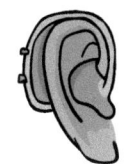

dzirdes aparāts

kusikia misaada

dezinfekcijas līdzeklis

kipukusi

infekcija

maambukizi

vīruss

virusi

HIV / AIDS

VVU / UKIMWI

zāles

dawa

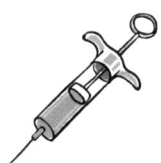

pote

chanjo

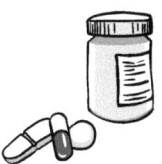

tabletes

vidonge

pretapaugļošanās tablete

kidonge

ārkārtas izsaukums

simu ya dharura

asinsspiediena mērītājs

haemodainamometa

slims / vesels

mgonjwa / mwenye afya

Palīgā!

Msaada!

trauksme

kengele

uzbrukums

pigo

uzbrukums

shambulizi

bīstamība

hatari

avārijas izeja

lango la dharura

Uguns!

Moto!

ugunsdzēšamais aparāts

kizima moto

negadījums

ajali

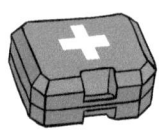

pirmās palīdzības aptieciņa

vifaa vya huduma ya kwanza

SOS

wito wa msaada

policija

polisi

Eiropa

Ulaya

Ziemeļamerika

Amerika ya Kaskazini

Dienvidamerika

Amerika ya Kusini

Āfrika

Afrika

Āzija

Asia

Austrālija

Australia

Atlantijas okeāns

Atlantiki

Klusais okeāns

Pasifiki

Indijas okeāns

Bahari ya Hindi

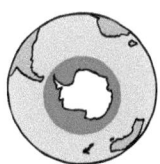

Dienvidu okeāns

Bahari ya Antaktiki

Ziemeļu ledus okeāns

Bahari ya Aktiki

Ziemeļpols

Ncha ya Kaskazini

Dienvidpols

Ncha ya Kusini

Antarktika

Antaktika

zeme

dunia

zeme

nchi

jūra

bahari

sala

kisiwa

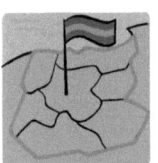

nācija

taifa

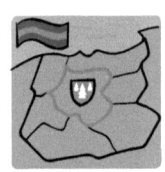

valsts

jimbo

ciparnīca

uso wa saa

stundu rādītājs

akrabu ya saa

minūšu rādītājs

akrabu ya dakika

sekunžu rādītājs

akrabu ya sekunde

Cik ir pulkstenis?

Ni saa ngapi?

diena

siku

laiks

wakati

tagad

sasa

digitālais pulkstenis

saa ya dijitali

minūte

dakika

stunda

saa

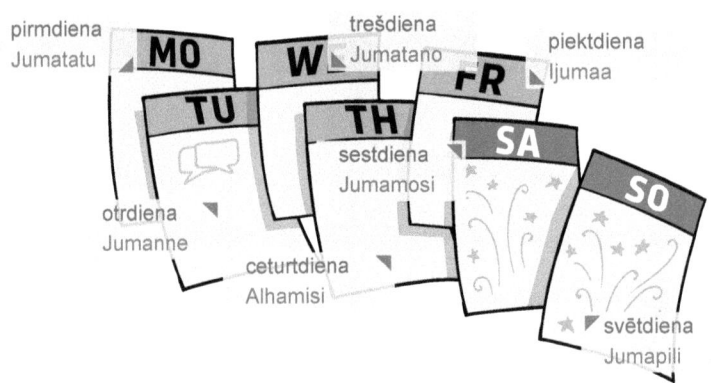

pirmdiena
Jumatatu

otrdiena
Jumanne

trešdiena
Jumatano

ceturtdiena
Alhamisi

sestdiena
Jumamosi

piektdiena
Ijumaa

svētdiena
Jumapili

vakardien

jana

šodien

leo

rītdien

kesho

rīts

asubuhi

pusdienlaiks

saa sita mchana

vakars

jioni

MO	TU	WE	TH	FR	SA	SU
1	2	3	4	5	6	7
8	9	10	11	12	13	14
15	16	17	18	19	20	21
22	23	24	25	26	27	28
29	30	31	1	2	3	4

darbadienas

siku za biashara

MO	TU	WE	TH	FR	SA	SU
1	2	3	4	5	6	7
8	9	10	11	12	13	14
15	16	17	18	19	20	21
22	23	24	25	26	27	28
29	30	31	1	2	3	4

brīvdienas

mwishoni mwa wiki

lietus
mvua

varavīksne
upinde wa mvua

sniegs
theluji

vējš
upepo

pavasaris
majira ya machipuko

rudens
vuli

vasara
kiangazi

ziema
majira ya baridi

4.APRIL	11°	☀
5.APRIL	4°	🌧
6.APRIL	13°	🌧
7.APRIL	8°	❄
8.APRIL	10°	☀

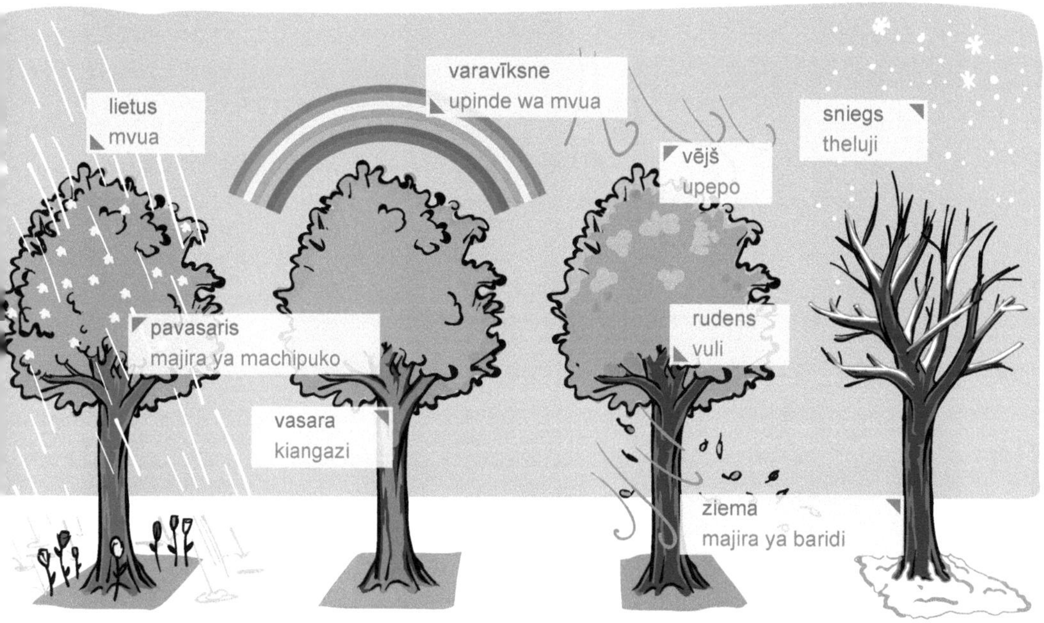

laika prognoze
utabiri wa hali ya hewa

termometrs
kipimajoto

saules gaisma
mwanga wa jua

mākonis
wingu

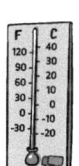

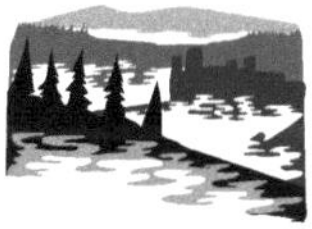

migla
ukungu

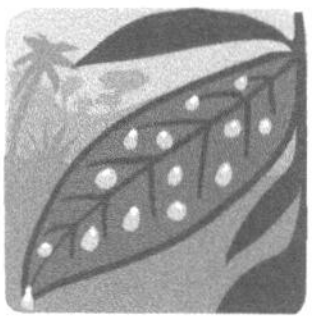

gaisa mitrums
unyevu

zibens

umeme

pērkons

radi

vētra

dhoruba

krusa

mvua ya mawe

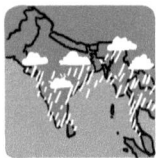

musons

monsuni

plūdi

mafuriko

ledus

barafu

janvāris

Januari

februāris

Februari

marts

Machi

aprīlis

Aprili

maijs

Mei

jūnijs

Juni

jūlijs

Julai

augusts

Agosti

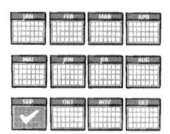

septembris
....
Septemba

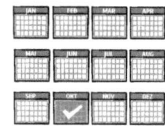

oktobris
....
Oktoba

novembris
....
Novemba

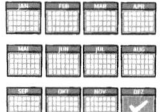

decembris
....
Desemba

formas
maumbo

aplis
....
mduara

kvadrāts
....
mraba

četrstūris
....
mstatili

trīsstūris
....
pembetatu

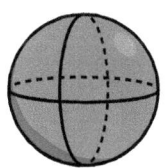

lode
....
nyanja

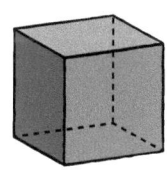

kubs
....
mchemraba

balts

nyeupe

dzeltens

manjano

oranžs

chungwa

sārts

rangi ya waridi

sarkans

nyekundu

lillā

hudhurungi

zils

bluu

zaļš

kijani

brūns

hanja

pelēks

jivujivu

melns

nyeusi

daudz / maz

mengi / kidogo

saniknots / miermīlīgs

hasira / pole

skaists / neglīts

nzuri / mbaya

sākums / beigas

mwanzo / mwisho

liels / mazs

kubwa / ndogo

gaišs / tumšs

angavu / giza

brālis / māsa

kaka / dada

tīrs / netīrs

safi / chafu

pilnīgs / nepilnīgs

kamilika / tokamilika

diena / nakts

siku / usiku

miris / dzīvs

wafu / hai

plats / šaurs

pana / nyembamba

baudāms / nebaudāms

kulika / kutolika

nikns / laipns

ovu / ema

satraukts / garlaikots

sisimkwa / udhika

resns / tievs

nene / nyembamba

pirmais /pēdējais

kwanza / mwisho

draugs / ienaidnieks

rafiki / adui

pilns / tukšs

jaa / tupu

ciets / mīksts

ngumu / laini

smags / viegls

nzito / nyepesi

izsalkums / slāpes

njaa / kiu

slims / vesels

mgonjwa / mwenye afya

nelegāls / legāls

haramu / kisheria

inteliģents / dumjš

akili / kijinga

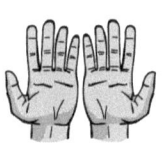

kreisais / labais

kushoto / kulia

tuvu / tālu

karibu / mbali

jauns / lietots

mpya / kutumika

nekas / kaut kas

kitu / jambo

vecs / jauns

zee / changa

ieslēgts / izslēgts

waka / zima

atvērts / slēgts

wazi / fungwa

kluss / skaļš

utulivu / kelele

bagāts / nabags

tajiri / masikini

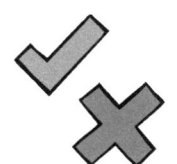

pareizi / nepareizi

sahihi / kosa

raupjš / gluds

mbaya / laini

noskumis / laimīgs

huzunika / furahia

īss / garš

fupi /ndefu

lēns / ātrs

polepole / haraka

slapjš / sauss

nyevu / kavu

silts / vēss

joto / baridi

karš / miers

vita / amani

pretstati - kinyume

0

nulle

sufuri

1

viens

moja

2

divi

mbili

3

trīs

tatu

4

četri

nne

5

pieci

tano

6

seši

sita

7

septiņi

saba

8

astoņi

nane

9

deviņi

tisa

10

desmit

kumi

11

vienpadsmit

kumi na moja

12
divpadsmit
kumi na mbili

13
trīspadsmit
kumi na tatu

14
četrpadsmit
kumi na nne

15
piecpadsmit
kumi na tano

16
sešpadsmit
kumi na sita

17
septiņpadsmit
kumi na saba

18
astoņpadsmit
kumi na nane

19
deviņpadsmit
kumi na tisa

20
divdesmit
ishirini

100
simts
mia

1.000
tūkstotis
elfu

1.000.000
miljons
milioni

anglu

Kiingereza

amerikāņu angļu

Kiingereza cha Marekani

ķīniešu mandarīnu valoda

Kimandarini cha Uchina

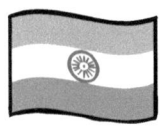

hindi

Kihindi

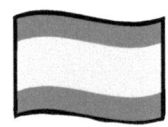

spāņu

Kihispania

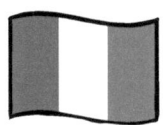

franču

Kifaransa

arābu

Kiarabu

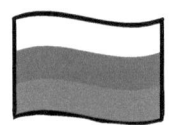

krievu

Kirusi

portugāļu

Kireno

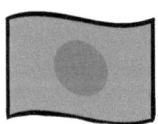

bengāļu

Kibengali

vācu

Kijerumani

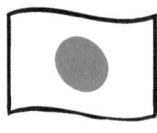

japāņu

Kijapani

es

mimi

tu

wewe

viņš / viņa

yeye / yeye / ni

mēs

sisi

jūs

wewe

viņi / viņas

wao

kas?

nani?

ko?

nini?

kā?

jinsi gani?

kur?

wapi?

kad?

lini?

vārds

jina

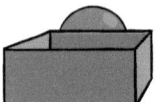

aiz

nyuma

iekšā

katika

priekšā

mbele ya

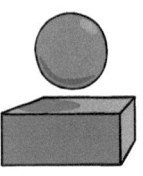

virs

juu ya

uz

kwenye

zem

chini ya

blakus

kando

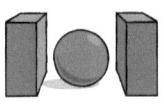

starp

kati

vieta

mahali